MISSIONS DIPLOMATIQUES

DE CLAUDE DU BOURG

PAR

H. DU BOURG

Extrait de la *Revue d'Histoire diplomatique*

PARIS

ERNEST LEROUX

Libraire de la Société d'Histoire diplomatique

28, RUE BONAPARTE, 28

—

1895

MISSIONS DIPLOMATIQUES

DE CLAUDE DU BOURG

MISSIONS DIPLOMATIQUES

DE CLAUDE DU BOURG

PAR

H. DU BOURG

Extrait de la *Revue d'Histoire diplomatique*

PARIS

ERNEST LEROUX

Libraire de la Société d'Histoire diplomatique

28, RUE BONAPARTE, 28

1895

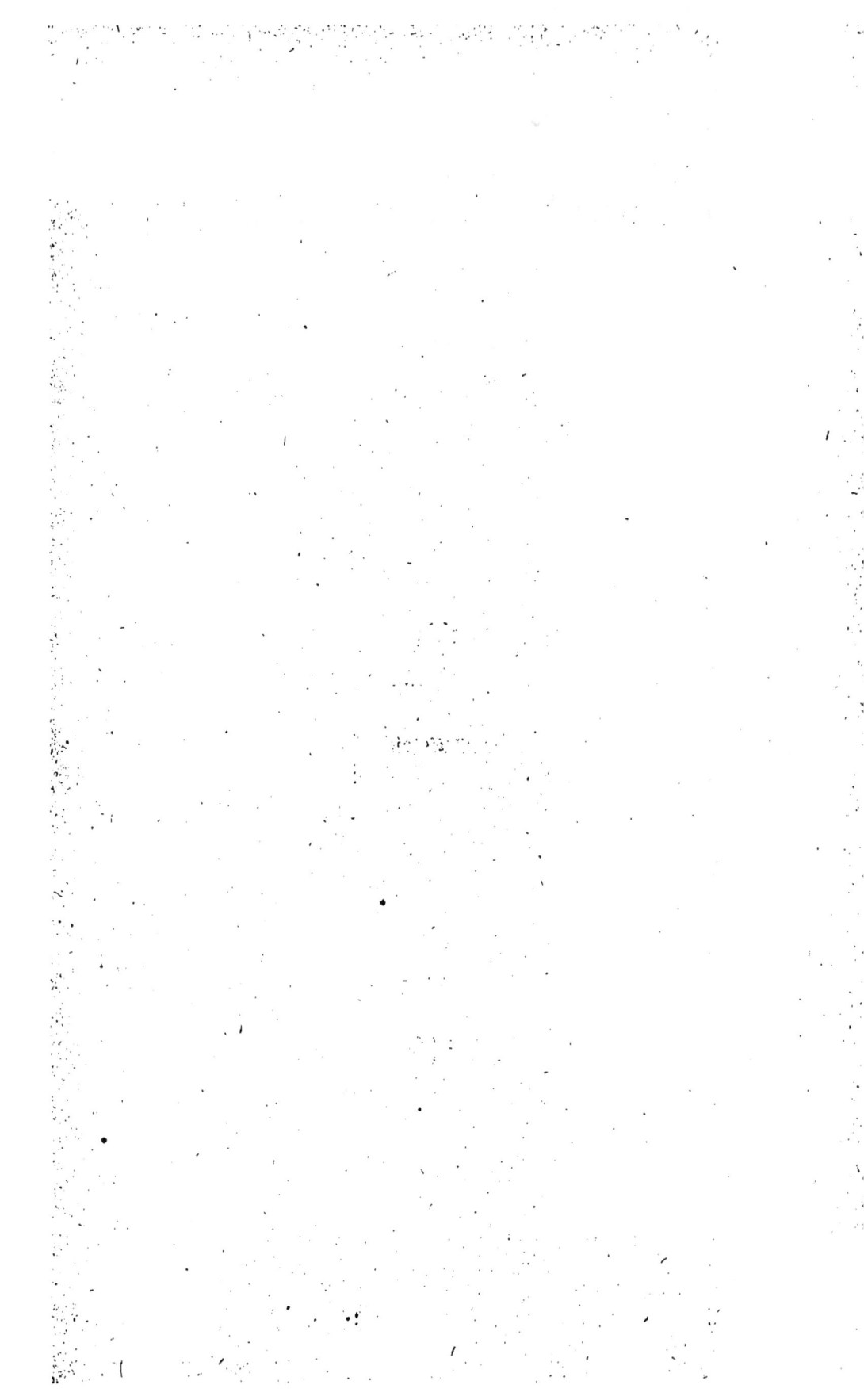

MISSIONS DIPLOMATIQUES

DE CLAUDE DU BOURG

C'est une physionomie vraiment curieuse que celle de Claude du Bourg, surtout à côté de son frère Anne ! Ce dernier, mis brusquement en relief par les événements, champion et martyr de la cause des Réformés en France, joua, dans un drame assez court, un rôle qui a fait de lui un personnage historique : rôle empreint à coup sûr d'austérité, de fermeté et de grandeur. Claude du Bourg, au contraire, eut une vie longue, agitée, pleine de déceptions et terminée d'une manière aussi obscure que misérable.

S'il paraît naturel que les frères du célèbre conseiller au parlement de Paris soient moins connus que lui, il est cependant surprenant qu'une vie d'aventures aussi romanesques que celle de Claude n'ait pas laissé plus de traces. A peine trouve-t-on dans les titres de sa famille quelques simples mentions de son existence. Par contre, un certain nombre d'écrivains [1] l'ont signalée ; et il nous a paru intéressant de réunir les fragments épars dans leurs ouvrages.

Cette vie, disons-le de suite, sans noblesse, sans caractère, — et sans succès —, bien qu'elle montre de rares qualités d'intelligence et d'audace, représente un type bizarre, même dans une période d'étrangetés et de défaillances. Les écrivains dont nous

---

[1] *Charrière :* Négociations du Levant. — *Harlay :* Corresp. de Turquie. *Pr. de Condé :* Mémoires. — *Haag :* France protestante. — *Aigueperse :* Biographies d'Auvergne. — *Camusat :* Mélanges historiques. — *Vto de Brémond d'Ars :* Jean de Vivonne.

venons de parler ont montré une sévérité excessive envers Claude du Bourg, faute, dans leurs appréciations, de tenir un compte suffisant des troubles du temps et des déplorables exemples qui venaient des princes. Le désordre des esprits, le bouleversement des choses, expliquent, s'ils ne les excusent, bien des tergiversations et beaucoup d'actes politiques douteux, qu'à toute autre époque on ne saurait trop stigmatiser. On peut reprocher à Claude du Bourg, au point de vue de la forme, un style emphatique et ridiculement pompeux, et au fond, ce qui est plus grave, l'ambition la plus effrénée et un manque absolu de principes. De là l'incohérence de son existence; et, on le reconnaîtra, croyonsnous, si l'on ne perd pas de vue sa position faussée dès le début, sa vive intelligence, son activité fiévreuse, surtout son amourpropre, follement exagéré, mais soumis, il faut en convenir, à de bien rudes épreuves.

*
* *

Claude du Bourg naquit, vers 1522, au château de Malozat, en Auvergne, d'Etienne du Bourg, seigneur de Ceilhoux, Guérines, Malozat, etc. (contrôleur général des aides et tailles de la province, puis maître des requêtes de la reine) et de sa première femme, Anne Thomas. Il était neveu d'Antoine du Bourg, chancelier de France, mort à Laon en 1538. Quoique son père, Etienne du Bourg, eût voulu régler, par diverses dispositions, un équitable partage de ses biens entre les douze enfants issus de ses deux mariages, l'entente ne put se faire entre eux qu'à la suite d'une transaction, du 1er janvier 1557. Claude eut, d'après cet accord, la seigneurie de Guérines, dont son père lui avait du reste abandonné la jouissance de son vivant. Il était conseiller du roi, secrétaire des finances et trésorier de l'extraordinaire des guerres, quand, le 21 mars 1557, il fut nommé trésorier général de France à Riom.

Peu de temps après éclata, comme un coup de foudre, la nouvelle du procès d'Anne du Bourg, arrêté à l'issue de la célèbre mercuriale du 10 avril 1559. Nous avons vainement recherché ce que firent Claude et ses frères pendant ces débats retentissants, qui passionnèrent la France et l'Europe entière dès le commencement, car on y voyait le véritable point de départ du rôle politique des Réformés. Les enfants d'Etienne du Bourg ne s'étaient donné la preuve que d'une bien médiocre affection dans le partage de leur patrimoine ; l'avenir démontra que leurs sentiments politiques n'avaient pas non plus beaucoup d'affinité, puisque chacun des partis, qui allaient se former, put compter l'un d'entre eux dans ses rangs. Il est à croire simplement que la nouvelle de l'arrestation dramatique d'Anne jeta toute sa famille dans une profonde stupeur. Claude cependant accourut de suite à Paris, d'où il reçut l'ordre de sortir dans les vingt-quatre heures. Rien ne prouve qu'il prit une part quelconque à cette tentative d'évasion, essayée comme suprême moyen de salut par Robert Stuart et quelques autres amis du prisonnier[1].

C'est probablement cette démarche qui a donné à croire à la *France Protestante* de MM. Haag que Claude du Bourg avait embrassé le calvinisme, et que les persécutions dont il fut l'objet ne provinrent que de ses croyances religieuses. Un seul frère d'Anne, Gabriel du Bourg, seigneur de Clermont en Gascogne et président au parlement de Toulouse, abjura le catholicisme et joua un rôle important parmi les Réformés. Que Claude fût un fervent catholique, rien ne l'indique ; et, à en juger par sa versatilité politique, il est permis d'en douter. Mais la plupart des causes diverses, qu'il servit, exigeaient qu'il eût au moins l'apparence d'un bon catholique. Quant aux persécutions, elles provinrent de son fait, ou plutôt de l'insuccès persistant qui accompagna ses aventureuses entreprises.

Le 20 décembre 1559, Anne du Bourg mourait en place de Grève ; et de son bûcher naissait la célèbre conspiration d'Amboise. Sans désavouer la victime, ce qui serait odieux à supposer de sa part, Claude du Bourg s'effaça probablement pendant

[1] Voir les Mémoires de Condé.

quelque temps, et put, bientôt après, tant en raison des souvenirs laissés par son oncle le chancelier que par sa persistance
dans la religion de ses pères, se rapprocher de la Cour et faire
agréer ses services. Mais bientôt son caractère brouillon ajouta
au côté déjà fâcheux de sa position pour exciter l'envie et lui
aliéner ses principaux appuis.

*
* *

Il venait de recevoir sa nomination au poste d'ambassadeur de
France à Constantinople, en 1563, quand il fut révoqué au moment de son départ. C'est ce que nous apprend Charrière [1], en
ajoutant qu'on ignore la cause de cette défaveur. Or il est hors
de doute que, si cette nomination fut faite pour remplacer M. de
Petremol, ambassadeur auprès de la Sublime Porte, la date doit
se reporter à la fin de 1562, et non de 1563, car nous connaissons, par lui-même, la cause de la révocation de Claude. Il nous
dit, dans un rapport adressé au roi et à son conseil, qu'il fut détenu en prison à la suite de calomnies, « l'espace de vingt-et-un
mois et vingt-et-un jours » [2]. Or une pièce, donnée dans les
Mémoires de Condé, à la date du 25 octobre 1564, fixe l'époque
de son emprisonnement dans le courant du mois de janvier
1563. Nous en trouvons même la raison dans cette pièce intitu-
lée : « Oraison prononcée à MM. des Comptes par le seigneur de
« Guérine, Maistre C. du Bourg, conseiller du roy et secrétaire
« de ses finances, sur laquelle il a été incontinent eslargi des
« prisons de la Conciergerie du Palais à Paris, esquelles il es-
« toit détenu par ordonnance desdits gens des Comptes, avèques
« une épistre escrite et envoyée par ledit seigneur du Bourg à
« un sien confrère et compagnon d'office. »

Sa mise en liberté mettait à néant le motif injuste de sa si
longue détention préventive, qui était une accusation de malversations et de faux.

---

[1] Négoc. du Levant, tome II, p. 723.
[2] Comme il sera dit plus loin, p. 191.

Le procès retentissant de son frère et les suites qui en résul-
tèrent avaient créé autour de son nom bien des haines. Un de
ses puissants ennemis dut saper dans sa base sa faveur nais-
sante et substituer à la charge honorable, qu'il venait de recevoir, un long emprisonnement sous une inculpation infa-
mante.

La lettre, jointe à son mémoire justificatif, ne visait que la
situation générale du pays et les déplorables conséquences qu'aurait eues la perte du chancelier de L'Hospital, fort gravement
malade quelque temps auparavant.

Peu de jours après sa délivrance, le 15 décembre, Claude
adressa au prince de Condé une épitre (également insérée dans
les *Mémoires*), sur la fameuse entrevue de ce prince et du car-
dinal de Lorraine, entrevue qui jeta la consternation dans les
rangs des Huguenots. Cette longue missive, en style ampoulé et
prétentieux, n'offre pas un bien vif intérêt par elle même, mais
elle indique que Claude du Bourg ne voulait pas rester étranger
aux hautes intrigues politiques du moment. En agissant ainsi,
il ouvrait à son ambition la possibilité d'une revanche, et, en
tous cas, il rendait plus éclatante sa réhabilitation.

Le 1ᵉʳ janvier 1566, il écrivit à la reine Catherine de Médicis
une lettre où il indiquait les moyens de réconcilier les Guise, les
Montmorency et les Châtillon[1]. L'année suivante, il fit imprimer
à Paris : « Lettres escrites et envoyées au Roi et à nosseigneurs
« de son privé conseil, du vingt-cinquiesme janvier année pré-
« sente mil cinq cens soixante sept, par Claude du Bourg, sei-
« gneur de Gueryne, naguères trésorier de France estably à
« Riom et secrétaire des finances dudit seigneur, contenant les
« moyens de pourvoir aux abus et malversations des finances de
« S. M. avec la forme d'en mieux compter »[2].

Ne citons pour mémoire qu'une allégation peu justifiée de la

---

[1] *Père Anselme :* « Grands officiers de la Couronne ».
[2] Factum impr. à Paris : « chez la vefve Annet Brière, rue des Porées à
l'image S. Sébastien. »

France Protestante sur Claude en ce moment : « Quelques-uns
« affirment qu'il était alors emprisonné à la Bastille pour cause
« de religion ; s'il est vrai qu'il ait été réincarcéré comme hu-
« guenot, ce ne peut être qu'après la seconde prise d'armes de
« Condé. Nous n'accepterons pas non plus comme authentique
« ce que rapporte M. Aigueperse: « que Claude du Bourg fut mis
« à la Bastille au retour de son ambassade à Constantinople,
« parce qu'on le soupçonnait de calvinisme, mais que, s'étant
« justifié, il recouvra sa liberté... »

Ces hypothèses sont absolument dénuées de fondement. En ce
moment Claude du Bourg s'était non seulement blanchi entièrement de toute calomnie touchant sa probité et son honneur,
mais il avait su s'imposer pour ainsi dire. Quand, au sortir de la
Conciergerie, il voulut jouer un rôle au grand jour pour attester
encore mieux sa parfaite innocence, et put enfin se rendre compte
qu'il ne restait rien dans l'esprit public des allégations infa-
mantes dirigées contre lui, il désira couronner avec éclat l'œuvre
de sa réhabilitation morale, et publia un rapport détaillé au roi
et à son Conseil sur les finances et les abus qui s'y commettaient.
Ce rapport, fort bien reçu, eût été une véritable témérité de sa
part, s'il eût mérité, même par une simple imprudence, son long
emprisonnement. Agir de la sorte était bien la meilleure des re-
vanches contre ses calomniateurs et peut-être aussi une vengeance contre quelqu'un d'entre eux. Il est évident que la ques-
tion de sa foi religieuse doit être absolument écartée pour expliquer son emprisonnement. Il est aussi hors de doute qu'après le
scandale du procès d'Anne, son frère Claude eût été dépouillé
de sa charge de trésorier, s'il n'eût donné des gages certains de
sa foi catholique. Et s'il l'eût conservée, dans ce cas, n'aurait-il
pas au moins pu passer aussi rapidement de la plus profonde
disgrâce à une haute faveur, ainsi que nous allons le voir.

Les bonnes dispositions de la Cour ne tardèrent pas à se ma-
nifester à l'égard de Claude du Bourg ; car, le 13 mars 1569, il

reçut une importante mission pour Constantinople. La charge d'ambassadeur auprès de la Porte, qui lui avait été si brutalement enlevée jadis, ne pouvait lui être rendue, puisqu'elle était en ce moment occupée avec honneur par M. de Grantrie de Grandchamp. Quelques raisons, que nous ne connaissons pas, mais qui paraissent tenir à ses anciennes fonctions de trésorier, l'avaient mis en relations avec des notabilités importantes du Levant et l'avaient fait désigner tout d'abord pour sa mission. La Cour trouva utile d'user de cet avantage pour résoudre une grosse difficulté, qui venait de surgir entre les gouvernements français et ottoman, et trouva sans doute aussi fort équitable de donner à Du Bourg une éclatante réparation pour le tort qu'on lui avait porté.

Une avanie venait d'être faite au drapeau français : le Grand Seigneur avait fait saisir, dans les eaux d'Alexandrie, plusieurs bâtiments marseillais, en faveur d'un juif, d'origine portugaise, nommé Miguès. En se fixant en Orient, don Juan Miguès avait pris le nom de Joussouf Nasi ou Naxi. A force d'intrigues, il jouit bientôt d'une grande faveur auprès du sultan Sélim II, qui l'avait créé, peu après son avènement, duc de Naxos. Le chef des croyants avait ainsi dépossédé de la souveraineté féodale de cette île une noble famille vénitienne, pour créer à son favori un domaine princier, en ajoutant encore à Naxos plusieurs autres îles de l'Archipel. Cette faveur datait d'assez loin et provenait des présents de l'intrigant. Cette faveur du reste fut si grande et si scandaleuse pour les musulmans que, pour l'expliquer, le bruit courut parmi eux que Sélim n'était pas le fils de Soliman II, mais celui d'une juive, introduite jadis clandestinement dans le harem de Sa Hautesse. Cependant les immenses richesses de Miguès ne lui suffirent pas plus que les exactions les plus révoltantes, qu'il exerçait publiquement sur les particuliers avec l'assentiment de son maître, pour satisfaire aux insatiables désirs du sultan. Aussi le favori, omnipotent par la volonté de Sélim, ne craignit-il pas de se livrer à des revendications insolentes contre les gouvernements sur lesquels il prétendait avoir des créances. Tout d'abord, il s'était mis en lutte contre la France et avait soulevé les difficultés dont il vient d'être parlé. Plus tard, il déploya tout son acharnement contre Venise : on attribua à ses émissaires le terrible incendie de l'arsenal de cette ville ; et bien certainement il fut la cause prépondérante de la désastreuse guerre que dut subir la République. Dans les effusions d'une orgie, le sultan en arriva à promettre à Joussouf, en l'embrassant, la royauté de Chypre, dès qu'il aurait conquis l'île. Dès lors, le juif en porta publiquement le titre ; et il entrevit la réalisation du rêve, longtemps caressé, de se créer une royauté effective sur tous ses coréligionnaires de l'Empire ottoman.

Revenons à Claude du Bourg : parti avec des instructions fort précises de Charles IX et de la reine-mère, qui lui fit un accueil des plus gracieux dans son audience de congé, il arriva à Constantinople le 19 juillet 1569, ainsi qu'il en rendit compte au roi dans son rapport du 30 août suivant. Sa mission consistait à exiger une complète réparation pour l'attentat d'Alexandrie et à faire confirmer les capitulations de François Ier. Après d'adroites négociations, Claude obtint un plein succès et renouvela le traité, qui donnait, vis-à-vis de la Porte, à la France, le premier rang parmi les nations chrétiennes. Ce traité a été imprimé dans les *Mélanges historiques* de Nicolas Camusat et dans la *Collection des traités* de MM. d'Hauterive et de Cussy.

C'est alors qu'enivré de son succès, et voulant se rendre indispensable, Claude oublia, au profit de son ambition, la réserve que lui imposait son mandat. Vis-à-vis de la France, son talent de négociateur croyait pouvoir escompter l'important service qu'il venait de rendre. Relativement à la Sublime-Porte, il avait pu mesurer l'étendue de son influence, puisque les concessions obtenues par lui l'avaient été en dépit des efforts du tout puissant favori. Claude n'hésita pas à tâcher d'annihiler la position de M. de Grandchamp, l'ambassadeur officiel. Celui-ci,

déjà vivement froissé par l'arrivée à Constantinople d'un plé-
nipotentiaire extraordinaire chargé d'une mission qu'on aurait
dû, pensait-il, confier à lui seul, fut absolument exaspéré quand
il vit son rival comblé d'égards par le Divan, pendant qu'on
affectait de ne le considérer lui-même que comme en sous-ordre.
Le zèle maladroit de Claude lui fournit bientôt l'occasion de se
venger de cet affront.

En dehors de son mandat bien défini et par conséquent bien
nettement limité, du Bourg ne craignit pas de prendre sur lui
de faire des ouvertures sur des points fort délicats, rendant du
reste compte scrupuleusement à Paris de ses pourparlers avec
le grand vizir. Il soumettait au premier ministre ottoman des
projets fort importants sur l'éventualité possible de l'avènement
du duc d'Anjou au trône de Pologne, sur les mariages du roi et
de Philippe II avec les filles de l'Empereur, sur les convoitises
de la Porte contre Venise, au sujet de l'île de Chypre et enfin
sur les vues que l'on prêtait au roi Très Chrétien pour une compétition future à la couronne du Saint-Empire. Ces vues avaient
une portée vraiment fort grande, et plus tard le Louvre mit à
profit les résultats d'acquiescement obtenus par du Bourg à
Constantinople. Mais il était contraire à la dignité royale de ne
point mettre un frein à l'intempérante initiative de Claude qui
risquait de compromettre les vues d'ensemble de la politique française, en soulevant des questions d'une gravité exceptionnelle.

En attendant que l'expression du mécontentement royal fût
parvenu à Constantinople, la lutte ouverte y était imminente
entre les deux envoyés de France. Aux rapports officiels de
l'ambassade adressés à Paris contre lui, Claude du Bourg répondit en faisant arrêter, par ordre du grand vizir, le 24 octobre 1569, plusieurs membres de la légation française, sous le
prétexte que le secrétaire avait, deux jours auparavant, attenté
à la vie d'un Roumain attaché à la suite du sieur de Guérines.
L'ambassadeur écrivit à la Cour, le 30 octobre, pour se plaindre
de cette avanie, qui frappait le souverain autant que lui-même,

et qui se trouvait aggravée par le fait qu'on refusait de lui rendre les prisonniers, de les lui laisser voir, et que son chiffre par suite ne pouvait être retrouvé. Charles IX, outré de l'attitude de Claude du Bourg, avait, dans une lettre autographe adressée à Sélim II, blâmé absolument la conduite de son envoyé extraordinaire, auquel il retirait en même temps tout pouvoir auprès de Sa Hautesse. Le dernier rapport de l'ambassadeur mit le comble au mécontentement du roi, qui fit écrire, le 15 février 1570, une lettre très vive au grand vizir, Mahmoud Sokolly. Après s'être plaint énergiquement de l'arrestation et de l'incarcération prolongée des membres de la légation, cette note sommait la Porte de les rendre immédiatement à l'ambassadeur ; elle priait ensuite le grand vizir de faire arrêter de suite du Bourg et ses serviteurs, pour les remettre ensuite entre les mains de M. de Grandchamp, afin que son seul et véritable chargé d'affaires lui expédiât sans délai ces sujets rebelles pour recevoir un châtiment exemplaire. Le roi terminait en ajoutant que le sieur de Guérines était l'unique cause des difficultés qui auraient pu altérer l'amitié des deux gouvernements, et en exprimant l'espoir que Sa Hautesse punirait très sévèrement ceux de ses propres sujets qui, par de coupables intrigues, s'étaient mêlés avec du Bourg des affaires de France.

Ce dernier était trop intelligent pour ne point comprendre que la passion l'avait entraîné trop loin et qu'il serait, avant peu, désavoué pour le moins. Aussi, avant l'arrivée de la réponse du roi voulut-il, non seulement parer à cette éventualité, qui eût été la moins fâcheuse pour lui, mais tirer même un parti profitable de cette situation si aiguë. Il fallait avant tout aller présenter lui-même sa justification, puis développer de vive voix les avantages qu'aurait pour la France sa nomination au poste d'ambassadeur. Le principal écueil à éviter dans la mise à exécution de ce beau projet était l'accueil, facile à prévoir, qui l'attendait au Louvre. Pour se couvrir et pour donner un poids plus sérieux à ses allégations, il décida le conseil du Grand Seigneur

à envoyer un ambassadeur extraordinaire auprès du roi de
France, et à se faire prier lui-même officiellement d'escorter
cette mission. La solution de l'impasse où sa folie l'avait engagé
était hardie, mais heureusement imaginée : le seul moyen peut-
être de réparer une faute énorme. Seulement le moment était
déplorablement choisi pour qu'elle eût quelque chance de succès à Paris. La mission de l'envoyé turc Mahmoud causa, dès
qu'elle fut connue, une vive sensation de stupeur dans toute
l'Europe : le fait était, pour ainsi dire, sans précédent, car on
se souvenait à peine de l'ambassade mahométane envoyée jadis
à Charlemagne, seul prince chrétien qui en eût reçu. La Cour
de France n'éprouva qu'un bien grand ennui d'être en ce moment l'objet d'une pareille exception, si flatteuse qu'elle pût
paraître. A l'instant où elle se croyait certaine d'en finir avec les
Huguenots, il lui fallait éviter à tout prix une rupture avec Rome
et l'Espagne ; et elle ne pouvait pas douter que la mission de
Mahmoud n'eût pour objet principal d'entraîner la France dans
la guerre projetée contre Venise. Admettre même la possibilité
de semblables pourparlers, c'était briser immédiatement toutes
relations avec le Saint-Siège et l'Escurial, relations déjà difficiles
à maintenir et absolument indispensables pour venir à bout des
Calvinistes. D'un autre côté, refuser ouvertement de s'y associer,
c'était aggraver une situation également tendue avec la Porte et
perdre certainement le fruit des négociations si laborieusement
et si nouvellement achevées. Le plus simple était d'arrêter en
route, et coûte que coûte, cette malencontreuse ambassade,
puisque la lettre du roi enjoignant à du Bourg de ne pas emme-
ner l'envoyé turc et lui annonçant en même temps les mesures
prises pour empêcher son entrée en France, s'il passait outre à
cette injonction, n'avait plus trouvé le destinataire à Constantinople.

Décidément la chance poursuivait le malheureux Claude ; aux
griefs de ses incartades en Orient allait s'ajouter tout le dépit
que causait à Paris la difficulté si grave née de sa fâcheuse ini-

tiative. Aussi les instructions données par le Louvre pour entra-
ver la marche de la mission furent-elles formelles, pressantes
et générales. Parmi les chargés d'affaires de France, particuliè-
rement avisés de ces ordres, se trouvait un frère de M. de Grandchamp, qui était lui-même ambassadeur en Suisse, c'est-à-dire
sur l'une des routes que pouvait suivre la mission turque. Heureux de ces instructions, qui lui donnaient l'occasion de satisfaire à ses rancunes fraternelles contre Claude du Bourg, M.
de Grandchamp écrivit, le 4 novembre 1569, un long rapport
sur ce qu'il avait appris et les mesures qu'il prenait. En dehors même des désirs connus de la Cour de France, il estimait
que des saufs-conduits s'obtiendraient difficilement pour cette
bruyante ambassade composée de huit ou neuf Turcs et d'un
interprète grec, ce dernier soupçonné du meurtre du comte de
Médine, le propre cousin du gouverneur de Milan. Il répondait
du reste d'empêcher tout passage de la mission sur le territoire
suisse, et croyait bien qu'en raison des armements considéra-
bles faits par la Porte contre la Chrétienté l'arrivée par mer
était presque impossible, sans que la mission entière fût arrêtée
aussitôt. Il finissait en rendant compte des avis qu'il venait
d'envoyer aux autres résidents français fixés sur les itinéraires
probables de Mahmoud, pour les informer de ces nouvelles[1].

Mais on apprit bientôt avec la plus grande surprise que toutes
les prévisions faites pour la voie à suivre par l'ambassade étaient
inexactes, et que c'était sur Venise même qu'elle se dirigeait
audacieusement. On apprenait du reste presqu'aussitôt qu'elle
avait été capturée par l'amiral vénitien, bien qu'aucune hostilité
ne fût encore déclarée.

Le grand vizir, en véritable homme d'Etat, avait su résister
longtemps aux influences puissantes qui poussaient le Divan à
la guerre contre Venise. Il sentait toutes les conséquences fâ-
cheuses qu'entraînerait la rupture de relations commerciales

[1] Voir Charrière.

avec la reine de l'Adriatique, surtout au moment le plus critique des embarras causés à la Porte par la Russie, l'Arabie et la
Perse. Ne pouvant plus résister aux partisans de la guerre et
comprenant que la Turquie allait avoir sur les bras les flottes
les plus formidables des puissances chrétiennes, il céda aux instances de Claude du Bourg et se décida à envoyer cette ambassade en France. Claude lui certifiait que son gouvernement
apprécierait toute la valeur d'une pareille dérogation aux usa-
ges musulmans en sa faveur, et qu'il serait disposé à entrer
dans des projets de diversion fort avantageux. Du Bourg fut
donc chargé de conduire la mission, de lui servir de guide, de
l'appuyer de son expérience en vue de toutes les difficultés possibles, et de prendre telle direction nouvelle que comporterait
la réussite totale ou partielle des projets convenus entre eux. En
dehors d'une ligue effective à obtenir contre Venise, la Porte
proposait de créer des difficultés à l'Espagne au moyen d'une
intervention commune en faveur des Maures de Grenade. En
compensation de ces avantages immédiats pour elle, elle pro-
mettait son appui pour une compétition du roi à la couronne du
Saint-Empire et de Monsieur à la couronne de Pologne.

Claude du Bourg sentant tout ce que sa position personnelle
avait de critique, et comprenant que les diverses voies de terre
seraient au moins difficiles à suivre, conçut l'idée hardie d'a-
border à Venise même. Sur place, les envoyés ottomans feraient
une sommation au Sénat pour l'île de Chypre. L'insuccès était
certain pour cette demande ; mais, si une insulte était faite par
la République à l'ambassade adressée à Charles IX, cette avanie atteindrait l'honneur de la France ; et cette violation du droit
des gens ne pourrait que seconder le but poursuivi, en amenant
une rupture immédiate entre Venise et le Louvre. Quelles que
fussent les conséquences de cette témérité nouvelle, Claude espérait qu'elles ne seraient pas pires pour lui que celles de sa
conduite antérieure. Elles lui donneraient des chances pour un
meilleur accueil, si les événements, en se précipitant, forçaient

la Cour à entrer sans hésitation dans ses vues. En tous cas, une complication quelconque, mais certaine, occasionnerait un retard qu'il saurait mettre à profit pour se mieux rendre compte de ce qui l'attendait à Paris, et prendre ses mesures en conséquence.

Le coup de main, exécuté par l'amiral vénitien traitant la mission turque en réunion de simples forbans, fut une surprise pour tout le monde, mettant à néant les calculs de Claude et débarrassant la Cour de France d'un gros souci. Heureuse de cette solution inespérée, la Cour n'hésita pas à mettre de côté toute susceptibilité et put ainsi ne pas modifier l'orientation de sa politique du moment. Par contre, cet attentat amena la guerre immédiate entre Venise et la Porte, guerre désastreuse pour la République et terminée seulement par la célèbre victoire de Lépante où don Juan d'Autriche sauva la chrétienté.

Pendant toute la guerre, Mahmoud fut retenu à Venise, où il subit des avanies de toutes sortes et courut les plus grands dangers. Dès son arrivée dans cette ville, Claude du Bourg avait reçu l'ordre péremptoire du roi de rentrer en France immédiatement et la défense formelle d'escorter aucun envoyé turc. Une hésitation nouvelle était impossible ; le malheureux Claude n'avait qu'à faire tête à l'orage. La sagesse la plus élémentaire lui disait qu'il ne pouvait sortir de ce mauvais pas, qu'en essayant de prouver qu'il n'avait agi que par ignorance de la volonté royale, et qu'il devait à sa dignité personnelle et à celle de son maître de supplier Sa Majesté d'intervenir pour la mise en liberté de la mission. Il se mit donc en route, se faisant prudemment précéder par un volumineux mémoire écrit de Venise, le **12 janvier 1570**, Ce mémoire discutait longuement les inculpations portées par M. de Grandchamp, développait les très réels avantages obtenus par le traité et exposait dans toute leur étendue les confidences secrètes faites par le Grand Vizir sur les désirs de la Porte relatifs au mariage du roi et aux successions aux couronnes du Saint-Empire et de Pologne.

De Milan, Claude arriva à Turin, d'où il adressa, le 3 février, une nouvelle lettre à Charles IX pour se plaindre des violentes mesures prises par le gouverneur de Milan, afin de l'arrêter mort ou vif. De la bouche même du gouverneur, il avait appris que toutes les frontières du duché étaient gardées militairement depuis quinze jours, que son départ et son arrivée avaient été signalés partout, et que des avis avaient été envoyés sur lui de Constantinople, de Naples, de Sicile, de Suisse et de Venise. Ces avis donnaient, disait-il, son signalement complet et prétendaient faussement qu'il était devenu renégat depuis un an et que le Grand Seigneur l'envoyait aux habitants de Grenade pour annoncer l'arrivée d'une armée turque pour le printemps prochain. La lettre se terminait en suppliant le roi d'intervenir auprès du Sénat pour délivrer la mission ottomane envoyée par le Sultan sur la foi de leur commune amitié, et de vouloir bien entendre les propositions si avantageuses que cette ambassade était chargée de lui apporter.

Nous perdons de nouveau, pendant quelque temps, la trace de Claude, qui, suivant toute probabilité et toute justice, il faut le reconnaître, dut être jeté à la Bastille dès son arrivée en France, comme le prétend M. Aigueperse [1]. Tous les véritables services rendus et tous les beaux discours tenus pour se justifier ne pouvaient suffire pour effacer les graves torts de du Bourg dans son attitude vis-à-vis de M. de Grandchamp et surtout les grosses difficultés politiques, que, par zèle, il avait fait naître dans des moments déjà fort critiques.

Toutefois cette disgrâce ne fut pas de longue durée. Les événements se précipitaient, changeant les hommes et les partis en faveur à la Cour. Le gouvernement pensa-t-il que le zèle impétueux de Claude serait désormais tempéré ; ou, après avoir puni les fautes commises, tint-il compte des services rendus ? Nous l'ignorons ; mais il est à croire que l'on voulut tirer parti de la sagacité et des talents de du Bourg, et surtout de sa connaissance

[1] Voir plus haut page 191.

réelle des hommes et des choses de l'Orient. En 1579, il fut
nommé « Intendant de la navigation ès mers du Levant et général pour Sa Majesté ès pays et mers du Grand Seigneur ». Sa
mise en liberté, dont nous ne connaissons pas l'époque exacte,
et surtout cette si importante charge, qui ressemble à une approbation de sa conduite passée, nous paraissent être un témoi-
gnage de gratitude du nouveau roi de France. Henri III ne pouvait
oublier que la première idée de lui offrir la couronne de Pologne
était venue de Constantinople sous l'unique et pressante inspira-
tion de Claude du Bourg, et qu'au milieu des tribulations de
son retour celui-ci n'avait cessé d'insister sur ce point de ses négociations.

C'est alors qu'imitant sans doute les exemples si fréquents
alors d'ingratitude et de légèreté de cœur qui se donnaient à la
Cour, Claude oublia toute retenue et se lança dans des aventures
aussi hasardées que celle que nous venons d'esquisser, mais au-
trement blâmables tant à cause du peu de cœur qu'il montra que
par l'absence complète des qualités intellectuelles, dont il avait
donné des preuves dans cette première phase de sa vie.

*
* *

Froissé par quelques contradictions ou quelque passedroit,
nous le trouvons, dès 1576, dans les rangs des Malcontents, attaché à la fortune du nouveau duc d'Anjou, prince à peine ré-
concilié avec le roi son frère par la célèbre paix de Beaulieu.
François de Valois l'envoyait en mission auprès du roi d'Espagne
Philippe II. Arrivé à Madrid le 20 mai 1576, Claude demanda une
audience pour le lendemain. C'est ainsi que M. de Saint-Gouard,
notre ambassadeur à l'Escurial, apprit la venue de cet importun.
Se souvenant des intrigues de du Bourg contre Grandchamp à
Constantinople, pensant aussi qu'avec ce passé et sa situation
d'envoyé du prince naguères en révolte contre la Couronne, il
était prudent et sans risques pour lui de prendre les devants,
Saint-Gouard voulut contrecarrer, immédiatement et avant de la

connaître, la mission occulte du mandataire de Monsieur. Il prétendit que Claude était un imposteur sans mandat sérieux « méchant et peu catholique », dans sa lettre du 26 mai au conseiller d'État, Çayas. De son côté du Bourg, comprenant tout ce que son rôle avait de délicat, avait voulu ne pas porter ombrage à l'ambassadeur, et lui fit, peu après son arrivée, une visite de courtoisie. Mais Saint-Gouard le traita aussi durement que dans sa lettre à Çayas. « Ce soir, raconte-t-il, après sa visite, je vis céans « cet ambassadeur extravagant lequel je estonnay des quatre « piés, et si bien que ne sçavait que faire pour réparer ses mani-« festes manteries et folies [1]. »

Cependant Philippe II répondit aux instances du chargé d'affaires de France qu'il ne pouvait refuser de recevoir l'envoyé du frère de S. M Très Chrétienne, et accorda l'audience pour le 30 mai.

Après avoir présenté ses lettres de créance, Claude du Bourg exposa de vive voix l'objet de sa mission. Dans un pompeux discours il crut devoir d'abord justifier le prince de sa révolte armée contre le roi « dans l'intérêt de la Couronne de France ». Il déclara ensuite que Monsieur avait été pressé par plusieurs princes étrangers de se lancer dans diverses entreprises et notamment contre l'Espagne, mais qu'il préférait à ces offres l'amitié de S. M. Catholique, et qu'il la sollicitait de lui accorder cette amitié. Ces insinuations se terminaient par la demande de biens et honneurs pour lier ensemble les deux princes. Cette sollicitation, peu digne de celui qui la faisait, ressortait seule du vague de cette harangue ampoulée. La réponse se fit attendre durant trois semaines, malgré les pressantes lettres de Claude, Saint-Gouard s'indignait, rendait compte à Paris en envenimant tout, et communiquait avec joie au roi Philippe une lettre qu'Henri III lui avait adressée le 16 juin, sur « cette estrange et impertinente mission », que Monsieur ne pouvait avoir ordonnée,

---

[1] Voir l'ouvrage du Vte de Brémont d'Ars : *J. de Vivonne*. Les missions de C. du Bourg en Espagne sont l'objet d'un chapitre de ce volume.

assurait-il. Saint-Gouard insistait sur ce que le roi jurait, en terminant, de tirer « un châtiment exemplaire de l'imposteur du Bourg ».

Le 23 juin, cependant, le roi d'Espagne remettait à celui-ci sa réponse au duc d'Anjou. Elle n'était qu'une assurance toute banale de sa royale sympathie. « Le général du Bourg », comme on appelait Claude depuis sa dernière charge, partit sans illusion sur le médiocre résultat de sa mission grotesque et sur le peu de succès personnel qu'il avait obtenu, grâce surtout aux manœuvres de l'ambasseur. Son amour-propre était à peine consolé, en pensant au présent d'une chaîne d'or de 500 écus, que lui avait fait Philippe II.

Ce prince résumait ainsi ses impressions sur le fond et la forme de cette mission, dans sa lettre du 2 juillet 1576 à son ambassadeur à Paris, Don Diego de Çuniga. « Je ne pouvais traiter avec « mépris l'envoyé du Duc. Saint-Gouard est déchaîné contre lui; « il a tout fait pour m'empêcher de lui donner audience, mais « ma politique est de ne mécontenter personne : je veux con- « server l'amitié des deux frères. Sait-on l'avenir? Le duc peut pren- « dre de l'empire sur le roi ; donc il ne faut pas se l'aliéner ». Le 30 juillet, Çuniga répondit, en se faisant l'écho des bruits de la Cour du Louvre, assurait à son maître que Claude du Bourg n'était pas un homme à ménager : « La reine-mère me l'a « traité de grand vaurien et de fou.... Et d'autre part on assure « que cet homme n'oserait se présenter devant le duc d'Anjou ».

On reconnaît bien là Catherine de Médicis et son fils François, qui désavouait au même moment le pauvre général du Bourg dans une lettre écrite à son frère et affectait une colère démesurée contre « ce fourbe, annonçant qu'il allait expédier en Es- « pagne un gentilhomme chargé de détruire là-bas son édifice de « mensonges, et suppliant enfin S. M. de faire arrêter mort ou « vif du Bourg, où qu'il fût! » C'était du moins la substance d'une lettre du 21 juillet, que Saint-Gouard présenta triomphalement, de la part de son maître, à Philippe II.

Jean de Vivonne, seigneur de Saint-Gouard, malgré son extrême antipathie contre Claude du Bourg, est, par son noble caractère, certainement le moins suspect, comme loyauté, des trois personnages importants qui venaient de porter un nouveau coup à la réputation de Claude dans l'esprit du roi d'Espagne. Il est certain qu'Henri III écrivit, ainsi qu'il est dit, à Saint-Gouard. Il l'est beaucoup moins qu'il eût reçu des plaintes aussi violentes du duc d'Anjou contre son mandataire. S'il les reçut effectivement, il les communiqua à son ambassadeur sans faire un bien grand fond sur la sincérité de son frère, qu'il connaissait trop pour cela. En tous cas, il est acquis qu'en ce moment même le duc d'Anjou affectait de recevoir avec autant de pompe que de bienveillance le général du Bourg dans sa résidence de Bourges et le renvoyait immédiatement après à Madrid, muni de nouvelles instructions. « D'autant, écrivait le duc à Philippe, le 11 août, « que, pour la résolution entière des particularités du trété, « Votre Majesté a descléré à bouche audit du Bourg qu'elle en « prendroit bientôt résolution, je vous renvoye ledit du Bourg « exprès, suffisamment instruit de mon intention pour en con- « férer et tréter amplement avec Votre Majesté.... »

*
* *

Protégé contre le roi par une escorte que lui composa le duc, ainsi qu'il l'annonçait à Philippe II de Perpignan, le 28 août, Claude traversa la France, franchit la frontière et parvint à Barcelone. Mais cette nouvelle mission ne fut heureuse que jusque là ; et une insigne mauvaise chance s'attache aux pas du malheureux.

Le grand prieur de Castille, Don Hernande de Toledo, auquel il fait des confidences, s'empresse d'en informer la Cour de l'Escurial, le 2 septembre. Le 9, Çayas répond en enjoignant au grand prieur d'empêcher à tout prix l'arrivée à Madrid de celui que l'ambassadeur de France traite de « fripon et de fieffé faiseur de dupes ». Philippe II, absolument circonvenu, apostille dans le le même sens une lettre de Çayas, du 15 septembre, déclarant

« qu'il ne veut pas de ce nouvel ennui ». Mais le général du
Bourg ne se rebute pas, et continue son voyage, prenant toutefois
la précaution de tourner Madrid, afin d'éviter le terrible Saint-
Gouard, « cause unique des préventions qu'on a contre lui, » dit-
il dans ses lettres à Çayas des 28 août, 13 et 19 sepembre. A cette
dernière date l'ambassadeur, bien renseigné sur la marche de
son ennemi, adressait au roi catholique une pressante supplique
pour « ne vouloir ouir le Bourc, ains me donner pouvoir et as-
« sistance que en quelque part que il se puisse retrouvé dans les
« païs de son obéissance, je le puisse prandre et envoier les piez
« et mains liés à Sa Majesté Très Chrétienne...... » Et, le même
jour, pour appuyer cette requête d'un soupçon de menace, il envoyait une note à Çayas : « Je serois très marry d'estre contrainct
« en set affaire de fere chause où le service de Sa Majesté Très
« Chrestienne et mon debvoir ont à me présipiter, s'il ne lui est
« guardé le respect qui est deu...... »

En dehors de cette ultimatum, qui visait son propre départ
pour la France sans doute, il faisait écrire le 21 septembre à
Philippe par M. Dutarte « que le général n'avait pas mission du
duc et qu'il n'avait pas remis au prince les lettres de Sa Majesté
Catholique ». Çayas dut certifier à l'irascible ambassadeur de
France que ses assertions étaient mal fondées sur ce point, que
le général était bien l'envoyé de Monsieur, muni de véritables
lettres de créance, et que sa mission de reste ne comportait rien
de préjudiciable aux intérêts de la France, auxquels bien certainement son gouvernement ne consentirait jamais à nuire. Ce
communiqué annonçait finalement que l'audience royale avait
été fixée au 21 septembre. Saint-Gouard se montra furieux et per-
sonnellement blessé du peu de succès de ses demandes et de ses
menaces. Le 24 septembre Çayas rendit compte au roi que l'ambassadeur de France menaçait sérieusement de son départ,
« puisqu'on n'ajoutait foi ni à ce qu'il disait lui-même, ni à ce
« qu'affirmait son maître ». Philippe II ennuyé de tout ce bruit,
évita Saint-Gouard et déclara qu'il ne voulait plus lui répondre
directement.

Du Bourg avait jugé prudent de ne pas affronter lui-même la bourrasque ; il se retira à Tolède pour y attendre le résultat de ses demandes au risque de s'exposer plus directement à la fureur de Saint-Gouard. Après avoir informé Çayas de cette détermination, le 22 septembre, il dut lui écrire de nouveau le lendemain pour le supplier de hâter la réponse du roi, car il n'y avait plus de sécurité pour lui.

Enfin, le 4 octobre, Claude recevait la lettre de Philippe au duc d'Anjou, remplie comme la première de banales assurances de bon vouloir, « qui serait manifesté à la première occasion ». Le résultat était piteux, d'autant plus qu'à la lettre royale était annexé un ordre de départ immédiat pour le général. Celui-ci voulut au moins avoir le bénéfice d'une nouvelle audience qui colorerait un peu l'humiliation de cet ordre si blessant. Il la sollicita, le 8 octobre, mais ne reçut que de nouveaux ordres de départ qui se succédèrent plus pressants, les 13 et 14 octobre.

La fin de ce mois se passe en nouvelles tribulations pour l'infortuné émissaire de Monsieur. La police de Tolède envahit sa demeure pour y faire des perquisitions. Saint-Gouard intercepte ostensiblement sa correspondance avec les ministres et entretient ouvertement des espions à ses trousses. « Despuys six jours il y « a en ceste ville des hommes françoys venuz et envoiez de Madrid pour descouvrir mes actions, écrit-il à Çayas le 11 octo-« bre, le jour de mon partement et le chemin que je doy faire. « Vous sçavez, Monsieur, le risque et la fortune que je cours, si « j'ay occasion de me garder et recommander à Dieu...... »

Exaspéré par ces persécutions et ces avanies, humilié dans son amour-propre, Claude du Bourg a l'énergie de résister toutefois, et trouve dans son esprit fécond en expédients un nouveau prétexte pour renouer des pourparlers avec la Cour.

Sans revenir sur ses démarches antérieures et sur ses griefs personnels, il fit soumettre à Philippe II de merveilleux projets sur la Turquie. Ce prince trouva alors équitable de réparer un peu l'odieux des mesures vexatoires qu'il avait tolérées contre

son hôte et consentit à l'envoi du mémoire proposé. Ces projets,
du reste, qui comportaient la coopération du duc d'Anjou, méri-
taient considération, car ils avaient un but précis, et l'influence du général en Orient était réellement et depuis longtemps prouvée, quoi qu'en pussent dire ses ennemis les plus
acharnés.

Satisfait de cette revanche publique, Claude reprend enfin la
route de France, sollicitant toutefois encore de Barcelone, le
18 novembre, par l'intermédiaire de Çayas, des lettres de recom-
mandation auprès des Génois et des Siciliens. Il se faisait fort
d'obtenir du Divan, en leur faveur, les mêmes privilèges com-
merciaux qu'il avait acquis à la France. Pour cela il était indispensable d'être bien accueilli à Gênes et à Messine. Ce premier
point était la base de ses nouveaux projets.

*
* *

Il était vraiment bien heureux pour Claude du Bourg d'être
entré dans cette nouvelle voie, car, dès son arrivée en France, il
apprenait que l'appui officiel du duc d'Anjou allait lui manquer.
Le prince venait en effet de se réconcilier bruyamment avec son
frère et de recevoir le commandement de l'armée de la Loire.
Claude du Bourg n'eut alors que la ressource d'aller offrir ses
services à Henri de Montmorency-Danville, puis au roi de Navarre. L'accueil fut cordial pour ce frère du grand martyr de la
Réforme traqué par les agents de la Cour, auprès du Béarnais,
réduit alors à une détresse absolue. Le plan d'attirer sur Aigues-
Mortes une flotte ottomane, que du Bourg se faisait fort d'obtenir de
la Porte, fut étudié avec soin, puis ajourné comme exécution. Mais,
muni d'instructions du roi de Navarre, Claude dut repartir pour
Madrid. Cette fois, si le succès était bien problématique encore,
le but était absolument précis. En tous cas, le général du Bourg
fut heureux de pouvoir sortir de France, où sa vie n'était plus
en sûreté, même au prix d'une mission dont la bizarrerie dépasse
toute croyance. Henri de Navarre adressait à Philippe II une
demande de secours d'argent, colorée sous l'étonnant prétexte

d'une croisade contre les Musulmans. Désireux d'affronter le plus tard possible le théâtre de ses récentes mésaventures avec un mandat, dont il prévoyait bien le médiocre succès, et désireux surtout de reconquérir sur un nouveau terrain un peu de son prestige de diplomate sérieux qu'il sentait légèrement compromis, Claude obtint de modifier son précédent itinéraire. Dans son cerveau fécond venait d'éclore un nouveau projet, dont il tenait à planter les premiers jalons. Son retour en Espagne serait du reste vu plus favorablement, si le dernier plan qu'il avait soumis à l'Escurial avait reçu un commencement d'exécution. Il se rendit donc en Savoie, où il essaya d'ébaucher un projet de mariage entre le prince de Piémont et la sœur d'Henri de Navarre. De là il arriva à Gênes et offrit ses services à la République auprès d'Amurath II, sur lequel il avait autant d'influence que sur Sélim son prédécesseur. Enfin il fit voile sur Barcelone.

La terre espagnole était vraiment un théâtre peu hospitalier pour le malheureux. A peine débarqué, il reçut du vice-roi de Catalogne l'injonction formelle de remplir son mandat par écrit, sans se rapprocher de la Cour. Ce début était, il faut le reconnaître, aussi peu encourageant qu'il était humiliant. Mais il n'y avait qu'à se résigner devant les ordres précis de S. M. Catholique. Le 2 août 1577, Claude envoyait à Philippe II un mémoire dans lequel il dépeignait la situation du roi de Navarre, désespéré des guerres civiles et des malheurs de la France, auxquels ce prince ne voyait de remède possible que dans une diversion contre les Turcs, laquelle pourrait réunir tous les partis en lutte. Ne doutant pas que ces vues n'eussent l'approbation de S. M. Catholique, Henri de Navarre sollicitait de son bon vouloir, pour commencer cette guerre, un prêt de 200,000 écus. Et le même jour, Claude essayait de faire revenir le ministre Çayas à de meilleurs sentiments à son égard, en lui donnant l'avis d'un coup de main projeté, disait-il, par la France sur Barcelone et Valence.

Il fallait vraiment que les disgrâces successives du malheureux lui eussent fait perdre tout bon sens pour qu'il agît de la sorte. Sans parler même de la véritable trahison qu'il commettait en inventant cette fable, il justifiait, en le faisant, auprès de la Cour de Madrid, toutes les accusations de légèreté, d'incohérence et de manque de sérieux, qu'on avait portées contre lui. Français donnant spontanément un avis antipatriotique, dont on pouvait voir presque immédiatement la fausseté; ami du Grand Seigneur proposant une guerre contre les musulmans; homme ayant naguère fait parade de foi catholique et se faisant l'agent de ce roi de Navarre que Philippe affectait de ne nommer que le prince de Béarn, Claude devenait digne d'un profond mépris aux yeux de l'austère souverain, auquel dès le premier jour il n'avait inspiré qu'une profonde antipathie!

Aussi quelle déplorable impression dut produire sur ce monarque à principes si rigides la nouvelle folie de Claude, quand, le 24 août, celui-ci, après avoir reçu une vague fin de non-recevoir pour les propositions du roi de Navarre, offrit directement ses propres services à la Couronne d'Espagne!

Exaspéré par l'insuccès de ses dernières missions, dont le ridicule seul avait répondu aux diverses phases, affolé par la certitude des dangers qui l'attendaient en France, le général se plaignait amèrement de la disgrâce où le tenait Henri III. Il se révoltait, osait-il dire, à la pensée des soupçons de son roi sur ce qu'il aurait livré des secrets d'État à l'Espagne, « alors qu'il « n'avait toujours agi que selon la voix de sa conscience de « catholique, afin de servir le prince de la chrétienté le plus « capable de faire le bien! »

Il offrait de donner la preuve de son bon vouloir, en faisant connaître immédiatement les nouveaux traités, conclus entre la France et Amurath et dont l'exécution serait si préjudiciable à l'Espagne. Il terminait sa supplique en demandant de nouveau d'être appuyé auprès des Gênois pour qu'ils reconnussent ses services à leur valeur.

Saint-Gouard avait tout lieu de triompher, car ses violences passées et sa haine contre le « per nitieulx personnage » étaient maintenant bien justifiées par la démence de celui-ci, et par ce que ces accusations cessaient certainement d'être calomnieuses. Le 19 août précédent, l'ambassadeur avait écrit à Philippe II : « Je me esbahis comme la terre le peut souffrir », et le 22 juillet 1578 : « Si Le Bourc retournait à vouloir traitter avec Votre « Majesté, Sa Majesté Très Chrétienne la supplye qu'il ne soyt « receu ne ouy, pour ne donner lieu à un homme si pernitieulx, « plein de mensonges, imposture et mauvaise vye, perturbateur « de repos, calumpniateur rachetté du supplice et qui se forge « des négociations à lui-même... »

Mais la nouvelle attitude si coupable de Claude du Bourg, allait recevoir sa punition bien méritée.

*
* *

N'ayant pas reçu de réponse à ses offres personnelles, l'infortuné diplomate dut rentrer en France, d'où il se donna le plaisir d'être le premier à annoncer aux Espagnols la désagréable nouvelle de la paix de Bergerac, par sa lettre datée d'Agen, le 24 septembre. Cette petite vengeance satisfaite, il se trouvait lui-même en face de la triste situation que lui faisait le traité. L'accord des partis en lutte ne pouvait en effet lui être bien favorable, car sa personnalité n'était pas de taille à mériter l'honneur d'être comprise dans une amnistie de rebelles de haute marque. Une seule ressource lui restait, celle de quitter la France au plus tôt ; et il ne pouvait le faire que sous le couvert de son ancien protecteur. Le duc d'Anjou accueillit avec bonne grâce sa prière. Ce prince, trouvant dans cet intrigant hardi et intelligent un auxiliaire précieux, avait accordé, depuis longtemps et autant qu'il était en lui de le faire, à Claude du Bourg sa sympathie, qui ne se démentit du reste presque jamais. Le gouvernement royal venait d'ouvrir à l'ambition et à l'activité de Monsieur un horizon nouveau, et espérait ainsi débarrasser le royaume de sa turbulence. Au moment de tenter son entreprise sur les Pays-Bas, le duc d'Anjou trouva utile de se servir du concours de

Claude, en l'envoyant solliciter du Divan une utile diversion par l'envoi d'une flotte sur les côtes d'Espagne. Nul ne pouvait mieux réussir dans cette démarche que le général, qui de son côté ne pouvait rêver une semblable solution à ses cruelles difficultés. Il savourait par avance la joie de se venger de ces maudits Espagnols qui l'avaient abreuvé de tant de déboires. Le but était maintenant bien défini, avec de très grandes chances de réussite ; l'accueil le plus sympathique lui était certainement réservé ; enfin la situation du prince, qu'il allait servir, était aussi fort nette et devait garantir son mandataire contre toutes les vexations des ambassadeurs français.

Claude partit donc plein d'assurance et d'espoir, comptant réparer avant peu ses humiliantes déceptions, et ne se doutant pas que cette confiance allait elle-même être la cause prochaine de sa perte, en le livrant à la royale rancune de Henri III.

M. du Ferrier, notre ambassadeur à Venise, écrivit au roi le 20 décembre 1578 : « Le trésorier du Bourg duquel V. M. a « souvent ouy parler, est arrivé en cette ville depuis quelques « jours, accompagné de dix ou douze serviteurs, gentilhommes « ou parens, en fort bon équipage, et me dit hier que Monsieur « l'avoit despesché devers le G. S. et obtenir de luy envoyer « quelque grande armée par mer contre le roy d'Espagne afin que « mondit Seig^r par ce moyen trouvast moins de résistance en la « conqueste des Pays-Bas. Et combien que tels propos me sem- « blent fort vains et conformes aux actions précédentes dudit du « Bourg, le voyant résolu de faire ledit voyage, j'ay tant fait qu'il « a différé son partement jusqu'il eust adverty mondit Seig^r des « difficultés qu'il trouveroit à cette entreprise sans quelqu'unes de « ses lettres à ces Seig^{rs}. Pour lesquelles obtenir, il envoye exprès « son neveu à mondit Seig^r, auquel aussy, suivant l'instance que « ledit du Bourg m'en a faite, j'ay escrit une petite lettre, afin « qu'il ne trouvast mauvois sa demeure. Je vous supplie, Sire, « me faire entendre ce qu'il faut que je face en ce dessus ; car « par le moyen de ces Seig^{rs} on pourra empescher son voyage.

« Mais le meilleur seroit d'envoyer quelqu'un à Constantinople,
« car encore qu'il soit empesché de passer par cette ville, il
« pourroit bien aller par terre. »

Le 27 décembre, il ajoutait dans une nouvelle lettre relative aux
incidents provoqués par la création de l'Ordre du Saint-Esprit :
« Le nommé en ma dernière m'a depuis parlé et confirmé ce
« qu'il m'avoit dit, et de plus m'a assuré que V. M. estoit bien
« advertie de son voyage et occasion d'iceluy. Ce dont j'ay été
« plus estonné, m'a prié de mettre une sienne lettre à V. M.,
« dans ce paquet; ce que je luy ay bien voulu accorder, affin que
« que l'on puisse plus avant pénétrer en cette affaire, duquel
« V. M. s'il luy plaist, considérera l'importance, mesmes en ce
« temps... » Une nouvelle lettre de l'ambassadeur, du 23 janvier 1579, ajoutait : « Le général du Bourg est encore en cette
« ville, attendant la réponse de Monsieur, et moy ce que plaira
« à V. M. m'escrire sur le contenu en ma dépesche ».

Si la conduite de Claude en Espagne a pu étonner et indigner,
celle qu'il tint à Venise paraît absolument incompréhensible. Il
avait tout lieu de savoir qu'un excès de confiance est un défaut
capital chez un diplomate : il n'avait qu'à se souvenir de ce qu'il
avait fait lui-même à maintes reprises. Comment cet homme
véritablement intelligent put-il penser qu'il pouvait espérer
autre chose qu'une bienveillante neutralité de la part de nos ambassadeurs, après avoir causé des ennuis et des difficultés à tous
ceux qu'il avait approchés? Comment supposa-t-il que le roi
prendrait un vif intérêt aux projets de Monsieur, dont il n'appuyait
les visées nouvelles que pour écarter du Louvre ce frère brouillon et détesté? Etait-il devenu complètement fou en rappelant
lui-même son existence au souverain qu'il avait si gravement
offensé, alors qu'il ne pouvait espérer raisonnablement son par-
don qu'avec du temps et après de réels services?

Sa lettre au roi ressemblait à un véritable acte de démence,
si on ne la prenait pas pour une insolence. Trompé par le bon
accueil fait par M. du Ferrier, qui se plaisait à lui dire que ses

premiers pas dans la voie politique avaient été faits sous les auspices du chancelier du Bourg, Claude fut plus qu'expansif avec lui. Les Vénitiens n'avaient pas oublié non plus son passage dans leur ville avec la mission arrivée au moment de leur terrible guerre contre les Turcs. La pitoyable réputation du pauvre général, ses projets nouveaux sur Constantinople, la vieille ennemie, ses pourparlers récents avec les Génois si abhorrés, tout concourait à le rendre suspect à la Sérénissime République. Au lieu de patienter, de résoudre les difficultés qu'on lui créait pour s'embarquer ou de poursuivre son voyage par terre, du Bourg fit naïvement appel aux bons offices de l'ambassadeur. Celui-ci ne fit alors que son devoir, en ne voulant pas prendre sur lui de seconder des projets dont l'approbation de son maître ne lui paraissait pas suffisamment démontrée par les assertions de son hôte. Il endort la confiance du malheureux Claude, demande des instructions précises à Paris, et va pouvoir le livrer bientôt à la colère de Henri III, qui sera inexorable. Si les moyens d'agir du chargé d'affaires de France ne sont pas d'une loyauté irréprochable, surtout à cause des souvenirs de gratitude évoqués, il faut reconnaître que son adresse fut aussi grande que l'absurde et incompréhensible naïveté du général du Bourg.

La réponse du roi ne tarda pas à arriver. Le 18 janvier, M. du Ferrier la recevait : « J'ay receu avec vostre lettre celle que le « beau général du Bourg m'a escript, lequel j'ay esté fort aise « de sçavoir qui soit là, et qu'ayez trouvé si honeste moyen de le « y faire séjourner pour avoir loisir de m'advertir de ses nou- « velles. Et d'autant que c'est un personnage que j'ay longtemps « désiré d'avoir en mains pour les trahisons, pratiques et me- « nées qu'il a traitées au désavantage de mon service et de toute « la chrétienté, et que je ne veux perdre l'occasion que Dieu « m'a maintenant suscitée de luy en faire recevoir la punition et « chastiment qu'il mérite, puisqu'il est rendu en lieux où je me « promets en cela tous offices convenables à parfaite et sincère « amitié, tenant pour certain que l'intention de mon frère n'est

« de se servir d'un si pernicieux instrument ; et que s'il a quel-
« ques lettres de luy, il les a extorquées par subornation et sur-
« prise. A cette cause je vous prie et ordonne que, sans différer
« ny perdre un seul moment, vous ayez à le faire saisir et cons-
« tituer prisonnier, en vous adressant à cette fin à ces Seig^{rs}
« pour les prier très instamment de ma part, et sur tous les plai-
« sirs qu'ils désirent me faire, de vous le permettre et de porter
« toute l'aide et assistance que besoin sera, tant pour ce faire
« que pour le tenir en bonne et seure garde jusqu'à ce que je
« vous aye sur ce fait entendu ma volonté, et en cela vous
« n'oublierez rien pour les y persuader comme chose qui im-
« porte grandement à mon service. »

Le roi, comme dans toutes les circonstances où sa passion
était en jeu et sa volonté vivement excitée, avait ajouté de sa
main ce post-scriptum : « J'ay le fait surtout si à cœur que je
« ne dis rien de plus : faites-le connoistre bien à ces Seig^{rs}. Je
« me fais fort de mon frère, qu'il se conformera à mon intention,
« et qu'il sçaura tout bon gré à ces Seig^{rs} de ce qu'ils auront fait
« pour mon contentement. »

Avoir la preuve d'une nouvelle intrigue de son turbulent frère
et tenir sous sa main cet instrument de désordres qui, tout in-
fime qu'il était, avait eu l'audace de résister tant de fois à son
autorité, c'était une vive satisfaction pour ce roi, si souvent
abreuvé d'amères humiliations et qui pouvait enfin briser sans
risques ce sujet rebelle, en se vengeant de la nouvelle perfidie
du duc d'Anjou !

Le 6 février, du Ferrier rendait compte au roi de ses démarches pressantes pour obtenir du Sénat l'arrestation et l'extradition de Claude et des grandes difficultés qu'il avait rencontrées
pour cela. Malgré la communication du post-scriptum royal, les
sénateurs s'étaient d'abord retranchés, pour refuser, derrière
plusieurs raisons majeures : les franchises bien établies de leur
cité, le titre réel de Claude comme ambassadeur de Monsieur
auprès du Grand Seigneur, et l'atteinte que ferait la République

à l'honneur de Son Altesse royale et à celui de Sa Hautesse en autorisant l'arrestation du général. Cependant, après plusieurs jours de délibération et d'actives démarches de M. du Ferrier, le Sénat avait accepté un compromis. L'arrestation de Claude était autorisée ; mais « cette dérogation à d'antiques coutumes pour le bon plaisir du roi de France » entraînait l'obligation expresse que le prisonnier serait immédiatement conduit hors des frontières vénitiennes, mené à La Mirandole ou ailleurs, et que la cour de France prendrait des mesures pour ne pas mettre le Sénat dans l'embarras à ce sujet.

Une telle réponse, sur laquelle il n'y avait pas à revenir du reste, jeta l'ambassadeur dans une terrible perplexité. Ne sachant pas si la comtesse de la Mirandole, malgré ses ardentes sympathies pour la France, pourrait recevoir et garder le prisonnier, ne voulant pas assumer la responsabilité d'une décision importante dans une affaire si délicate sans les instructions de Paris, qui ne pouvaient lui parvenir avant quinze jours, du Ferrier sollicita ce délai. Cette nouvelle demande fut octroyée encore, mais avec l'obligation que du Bourg serait gardé à vue dans le propre logis de l'ambassadeur pendant ce temps, car une notable partie de la ville, irritée de cette violation des coutumes, était en ébullition et menaçait de forcer les prisons pour délivrer l'hôte de la cité.

M. du Ferrier rend compte à Paris de cette situation tendue, mais craint aussitôt de n'avoir pas été assez pressant ni assez explicite. Le lendemain même, 7 février, il écrit de nouveau pour exposer ce qu'a de poignant son embarras et pour supplier le conseil du roi de choisir une solution quelconque parmi celles qu'il propose, mais pour redire qu'il faut à tout prix agir sans le moindre retard. Il déclare que, pour peu que le prisonnier soit gardé à la légation, il sera sûrement enlevé de son logis par le peuple qui s'est monté et ne dissimule plus sa fureur. Le Sénat, en accordant l'arrestation de Claude, a prévenu qu'il ne répondait de rien, la garde devant être entièrement à la charge de l'ambassadeur. Le Sénat même semble souhaiter, après avoir fait cette grande concession au roi, et s'être dégagé par avance de toute responsabilité ultérieure, qu'une avanie soit faite par la populace. Il regagnerait de la sorte, en la laissant faire, sa popularité gravement compromise par ce que ses concitoyens traitent de faiblesse, et il aurait un bien précieux précédent pour refuser à l'avenir absolument des demandes aussi désagréables. L'honneur de la France exige donc que du Bourg soit emmené immédiatement hors du territoire vénitien. Il est hors de doute que, si les prisons de la comtesse de la Mirandole restent fermées, on ne peut espérer des autres princes voisins, moins bien disposés pour notre pays, un semblable service. Conduire le prisonnier en France est une solution à peu près irréalisable : la route est longue, les dépenses seront énormes, et l'enlèvement de Claude plus que probable en dépit des plus grandes précautions. L'expédient le plus sûr, en attendant la réponse de Paris, était l'envoi d'un exprès au duc de Ferrare pour le prier, au nom du roi, de recevoir du Bourg, si la comtesse de la Mirandole ne pouvait le faire. Au pis aller, et si la situation empirait, le général serait dirigé sur Milan par les soins de l'ambassadeur, assuré que les autorités espagnoles se chargeraient très volontiers de le débarrasser du prisonnier. Le bruit courait en effet que l'influence de S. M. Catholique avait surtout pesé sur la décision du Sénat ; ce qui était une humiliation pour la France ajoutée aux difficultés déjà existantes. Du Ferrier terminait son long rapport en annonçant que l'ambassade venait de recevoir des autorités vénitiennes tous les papiers saisis au domicile du général. Il y avait trouvé entre autres choses les saufs-conduits du duc de Savoie et du gouverneur de Milan, des documents relatifs aux projets de mariage entre le prince de Piémont et la princesse de Navarre, et les lettres de créance de Monsieur pour du Bourg auprès du sultan et du grand vizir.

*
* *

Cependant, si les instructions impatiemment attendues de

Paris n'arrivaient pas assez vite au gré de du Ferrier, tous ces incidents avaient fait grand bruit en France. Ils pouvaient occasionner de graves difficultés à l'étranger et provoquer une nouvelle rupture entre la Cour et le duc d'Anjou,pour lequel ils étaient une indéniable insulte. Ce prince répugna-t-il à sacrifier de nouveau la paix publique à cette injure, ou se fit-il l'illusion qu'en couvrant officiellement son envoyé il obtiendrait la cessation de ces persécutions ? Nous l'ignorons ; toutefois nous ne devons pas passer sous silence les démarches faites en ce moment par Monsieur en faveur de Claude. Si elles ne sauvegardèrent pas par leur réussite toute la dignité du frère du roi, elles sont bien à son honneur, d'autant plus qu'elles émanaient d'un prince aussi égoïste qu'ingrat.

Les 21 et 23 février 1579, il envoyait à M. du Ferrier des instructions, bien naïves peut-être, à ce sujet : « Je vous prie d'as-
« seurer ces Seig^rs qu'ils auront toujours part à mes bonnes for-
« tunes, favorisant et assistant ledit du Bourg en tout ce que
« verrez servir au bien de sa despêche. Et pour lui aider à sub-
« venir aux frais de son voyage, n'ayant pour le présent moyen
« de luy en envoyer de deçà à cause des grandes dépenses qu'il
« me faut porter, je vous prie adviser si vous pourrez trouver
« personnage qui veuille prester mil escus pistolletz d'Italie,
« desquels vous répondrez, pour moy. Ayant esté adverty que
« le général du Bourg, que vous sçavez être employé pour mon
« service, a esté emprisonné par commandement du roy, j'écris
« à S. M. pour la supplier permettre que son innocence soit
« connue et que sous faux donné à entendre l'on ne le travaille
« point. A quoy je vous prie tenir la main, sur tant que vous
« désirez me faisir plaisir. »

M. du Ferrier avait mille raisons pour ne pas se déjuger afin d'être agréable au prince : il connaissait trop bien les volontés du roi et s'était trop avancé pour reculer désormais. Il ne fit que chercher à gagner du temps pour répondre jusqu'à ce qu'il fût débarrassé du prisonnier. Le 30 mars, il put enfin s'excuser

et déclarait à Monsieur : « N'y pouvant estre rien fait sans l'ex-
« près commandement du roy, pour estre sa charge de si
« grande importance que vous avez entendu de S. M., je veux
« espérer que vous prendrez en bonne part mes excuses et me
« réserverez pour une autre occasion..... »

Par le même courrier, il informait Henri III des manœuvres
que du Bourg employait pour se faire relâcher: « J'ay esté ad-
« verty que ce folastre avait fait présenter à ces Seig^{rs} les lettres
« que Monsieur leur avait escrites pour sa délivrance, lesquels
« m'ont envoyé un de leurs principaux secrétaires pour me faire
« entendre la réponse qu'ils ont délibéré de faire à mondit
« Seig^r, que ce qu'ils ont fait à votre prière n'avoit esté que
« pour le bien de V. M. et du sien, comme ils feront tou-
« jours..... »

*
* *

On croit lire dans ces expressions dégagées la joie de l'ambassadeur de s'être enfin tiré très heureusement de cette affaire
si épineuse, où son amour-propre personnel et le service de son
maître avaient été si fortement engagés. Les 6 et 19 mars pré-
cédents, il avait pu rendre compte au roi des détails de la trans-
lation de Claude à la forterese de la Mirandole, après l'avoir
différée jusqu'à l'arrivée des réponses qu'il demandait de tous
côtés. « Je me suis enfin résolu d'envoyer le général Bourg hors
« l'estat de ces Seig^{rs}, lesquels se sont montrés soigneux à le
« faire conduire seurement jusques en l'estat du duc de Fer-
« rare et à le consigner es mains de ses officiers. Ledit s^r duc
« envoya jusqu'aux confins de son estat envion IIIIe hommes
« par eau et par terre pour le recevoir des mains des ministres
« de ces Seig^{rs}; et fut mené à Ferrare et mis en prison sans que
« personne peust parler à luy jusques à ce qu'il partit pour
« aller à la Mirande, où il sera, attendant vostre commande-
« ment, logé dans la grande tour du chasteau, et en la propre
« chambre où le feu comte de Mirande dernier décéda. Ledit
« S^r duc adverty des petites forces de ladite comtesse et du dan-

« ger qu'il y avait pour raison du grand nombre des bannis quy
« sont en ce pays, voulut que ses gens conduisent ledit prison-
« nier jusques en dedans de ladite Mirande. Lequel ne fut pas
« sitost mis dans la tour qu'il voulut persuader ladite comtesse
« que j'avois escrit à S.M. d'abandonner sa protection pour ne luy
« servir que de despence, dont cette bonne dame est entrée en
« grande frayeur, ayant sceu d'ailleurs la venue du Sᵣ Louis pour
« espouser sa femme, et pense que ce soit pour le faire entrer
« dans la Mirande et l'en chasser. J'ay tasché de la dissuader
« de ces fausses opinions, la priant de ne laisser parler à aucun
« ledit du Bourg, ains le mettre en prison estroite. Car, quand
« il n'y auroit autre charge contre luy que de l'avoir mise en
« défiance et donné occasion de prendre autre party, et par ce
« moyen faire perdre à votre Couronne la protection de cette
« place, cette trahison basteroit pour le faire pendre et estran-
« gler. Mais cette dame est si bonne nature qu'elle n'en fera
« rien, et le traitera à ses dépens trop mieux qu'il ne serait
« chez soy. Car pourtant que je n'ay pas opinion qu'il face grande
« diligence pour continuer son voyage du Levant, veu que son
« argent et besongnes ne scauroient valoir au plus huit cents
« escus, et si preschoit partout qu'il en avoit plus de dix mil,
« conduisant avec soy une infinité de bélistres... »

Mais du Ferrier avait tort de se réjouir si vite de son succès.
Des instructions royales venaient peu après empoisonner sa joie
par l'ordre d'obtenir l'extradition immédiate d'un autre français
compromis lors des derniers troubles. Dans un rapport du mois
de juin 1579, l'ambassadeur se plaignait amèrement de ce fâcheux contre-temps : « Ces seigᵣˢ estoient bien marris qu'en par-
« lant dudit Bourg je n'eusse aussi parlé de l'autre, car l'exé-
« cution eust pu estre faicte contre tous deux comme complices
« du même crime. Je leur fis entendre combien cette affaire
« vous estoit à cœur et de voir que tels personnages de si mes-
« chante et malheureuse vie et fugitifs de votre royaume trou-
« vassent leur asile et franchisse en cette ville, mesmes pour y

« vivre si licentieusement et débordement comme cestuy-ci, et
« que si cette capture estoit si répugnante à leurs anciennes cou-
« tumes, que pour le moins ils en voulussent eux-mêmes faire
« la punition. Après avoir délibéré autres huits jours et com-
« mandé à leur chancellerie de bien feuilleter leurs registres et
« voir si par iceux apparaistroit d'un semblable faict, ils m'ont
« fait entendre le rapport dudit chancelier du tout contraire à
« ce que j'avois proposé, et comme semblable demande avoit
« été refusée à plusieurs papes et empereurs; et entre autres
« sont nomméz dans leurs registres, pape Frenese et l'empereur
« Charles Vᵉ, et non pour autre raison que pour la mémoire
« que leur ville a esté fondée par des personnes bannies et fugi-
« tives. Sur quoy je ne suis peu contenir de dire qu'elle ne se-
« roit devenue si grande et admirable, si les fondations d'icelle
« eussent esté de si meschante condition, si bien ils estoient
« personnes misérables fugitifs, chassez de la fureur du roy
« Attila qui les contraint de se réfugier en ces lagunes. Mais
« tout cela n'a de rien servy envers la plus grande part... »

Comme couronnement au dépit de son insuccès, le malheureux ambassadeur apprenait qu'on faisait à la Cour des rapports
injurieux et très malveillants sur son compte. Aussi dans une
fort longue lettre il se plaignit au roi de cette injuste apprécia-
tion de ses services : « J'ai faict les meilleurs offices pour per-
« suader ces Seigᴿˢ que celui, duquel vous m'avez escrit, fût mis
« prisonnier, et voyant qu'il m'estoit imposible de l'obtenir, j'ay
« obtenu d'eux que luy sera fait commandement de partir dans
« trois jours de cette ville et de tout leur état, lequel n'a pu en-
« core estre signifié, d'autant que se tient plus caché que ne
« souloit, tant à cause de la crainte d'estre mis en prison, sçai-
« chant la poursuite que j'en faisois...

« Je vouldrois que ceux qui jugent par delà de mes actions
« sçeussent bien l'occasion que je pouvois avoir de favorir le
« général du Bourg, qui a esté nepveu d'un chancelier de
« France par le moyen duquel j'ai receu en ma jeunesse faveur

« et dignitez de feu roy François, votre ayeul ; et toutefois je
« n'ay rien oublié de mon debvoir pour conduire son dit nepveu
« là où il est ; car par là ils seront assez persuadez de la sincé-
« rité dont j'ai deu user envers cestuy-ci, lequel je n'ay onc-
« ques veu et ne scay d'où il est, ny jamais ouy parler du nom
« duquel il est appelé par vos lettres non plus que de celluy
« qu'il a donné par deça. La vérité est que du commencement
« qu'il y arriva, il vint à mon logis et y a mangé comme font
« les autres Français de quelque qualité qu'ils soient. Mais si
« ses malheureuses et détestables qualitéz n'eussent esté
« cogneues, à grand peine feust-il revenu la seconde fois,
« cognoissant assez l'entrée et familiarité que doivent avoir aux
« logis de vos ambassadeurs tels galants, desquels tout s'en
« faut que je veuille favorir, que, s'il ne restoit qu'à faute de
« bourreau, je voudrois moy-même l'estre pour purger le
« monde de telles et semblables pestes..... »

Mais il y avait quelque chose qui importait plus à Henri III
que ces lamentations de du Ferrier, c'était de calmer l'indisposi-
tion réelle de la Sérénissime République qu'avaient fait naître
malgré tout contre lui ces dernières démarches, et de persuader
au Sénat qu'il prenait sur lui l'entière responsabilité de l'arrestation de du Bourg vis-à-vis des susceptibilités de la Porte. Il y
avait aussi à fournir au Divan des explications suffisantes pour
justifier cet attentat véritable à son honneur. M. de Germigny
fut donc envoyé en ambassade extraordinaire pour remplir cette
double mission et terminer en même temps quelques nouvelles
difficultés pendantes avec le gouvernement ottoman.

Une partie des instructions reçues par ce diplomate mérite
d'être citée : « Etant choses deues entre princes et potentats de
« prester main et faveur les uns aux autres en la poursuite et
« punition de leurs subjects atteints, comme est ledit du Bourg,
« de crimes importants à leurs personnes et estats ; mais de
« telles conséquences à leur seureté qu'elle doit estre nécessai-
« rement observée, afin d'oster toute espérance de refuge à

« ceux de leurs susdits sujets qui auroient le cœur si mauvois
« de conspirer semblables mechancetez, et par ce moyen les en
« divertir ; et d'autant que ledit du Bourg s'est voulu artificieu-
« sement couvrir de quelque délégation et charge de Monsei-
« gneur frère de S. M., ledit Sr de Germigny représentera là-
« dessus bien clairement la grande union, parfaite amitié et in-
« telligence, qui est entre elle et mon dit Seig^r ; par où S. H.
« pourra estre éclaircie du peu d'apparence qu'il y a qu'il vou-
« loit advouer ledit du Bourg, assez cogneu en toute l'Europe
« pour tel qu'il est ; et surtout taschera faire en sorte que le
« G. S. connoisse n'avoir en cela rien esté faict par ladite sei-
« gneurie de Venise qu'elle ne deut à S. M., et dont il ait occa-
« sion de se tenir offensé..... »

*
* *

La loyauté et la sincérité ne sont certainement pas des vertus
indispensables pour les communications diplomatiques, et le
passé de Claude du Bourg méritait à coup sûr ce qu'il y avait d'a-
normal et de brutal dans la vengeance que tirait de lui son légi-
time souverain, si souvent et si grandement offensé. Mais il paraît bien pitoyable pour l'honneur d'un roi de France, même
celui de Henri III, qu'il ait expliqué sa conduite à l'étranger en
se basant surtout sur une fausseté. Claude était victime de sa foi
dans la protection que devaient lui assurer ses véritables pou-
voirs donnés par le duc d'Anjou. Ces lettres de créance avaient
été vues à Venise par le Sénat et signalées par du Ferrier ;
Monsieur avait protesté à cause d'elles contre l'avanie qu'on lui
faisait. Et la Cour de France niait qu'elles existassent !

Quoi qu'il en soit, et après bien des pourparlers à ce sujet de
M. de Germigny tant à Venise qu'à Constantinople, des intérêts
majeurs étant en jeu, on oublia bientôt le sort du malheureux
Claude du Bourg, qui s'éteignit dans son cachot de la Mirandole
pendant les premiers mois de 1580.

Ainsi se termina bien misérablement cette existence si tourmentée, dont les péripéties forment une véritable odyssée, et dont le triste héros paya bien cruellement les erreurs.

S'il se laissa entraîner à de bien coupables manœuvres, Claude du Bourg fit certainement preuve d'un fond d'énergie considérable, d'une intelligence peu ordinaire et de véritables talents diplomatiques, qui eussent pu rendre de grands services à son pays en lui laissant une belle page dans l'histoire ! Avec un savoir-faire remarquable, il avait su sortir d'une position faussée par le souvenir de son frère, et, après d'iniques persécutions, où son honneur était en jeu, obtenir une charge des plus belles malgré une série de fautes de tact. Puis par dépit, il s'était jeté dans l'opposition ouverte, dès que sa conduite maladroite eut encore diminué le faveur qu'il avait su reconquérir.

Que pouvait devenir dans ces temps difficiles un obscur comparse du triste François de Valois ? L'autorité royale se montra d'autant plus inflexible pour les serviteurs de ce prince sans cesse en rébellion, qu'elle était obligée à plus de ménagements envers lui. Ainsi que leur mère, tous les enfants de Catherine de Médicis montrèrent peu de générosité à l'égard des hommes qui les gênaient maladroitement, sans avoir par eux-mêmes assez de puissance pour être ménagés.

Désavoué pour le passé, écrasé sous les inculpations les plus violentes, Claude du Bourg comprit qu'il était irrévocablement perdu et se jeta dès lors dans les plus folles entreprises, pour être bientôt après délaissé, sous prétexte de raison d'État, par ceux même sur l'appui desquels il se croyait le droit de compter. Son rôle diplomatique, dont les missions si variées furent la plupart ébauchées par lui-même, est connu par quelques-unes de ses nombreuses lettres, et par les correspondances officielles des chancelleries. Le si grand tort de ne jamais réussir complètement, les échecs presque constants que son talent fit subir à nos ambassadeurs et qui lui valurent les épithètes violentes et injurieuses de ceux-ci, sont la très logique explication de sa médiocre figure dans les rôles, assez pitoyables du reste, qu'il joua partout. Le jugement le plus équitable qui puisse, à notre avis, être formulé sur cette existence remuante, doit se résumer en ceci. En tout autre temps que cette fin du XVIᵉ siècle, il n'y aurait pas d'excuses possibles pour ses intrigues, positivement blâmables, puisque, par ambition personnelle, le sieur de Guerines ne cessait, à l'étranger, de faire obstacle à la politique de son pays. Mais pour ne point être injuste, et après avoir constaté qu'il n'avait ni un esprit rassis, ni des sentiments fort élevés, on ne peut accepter pour lui les reproches unanimes qu'on lui prodigue, d'une avarice sordide et d'une intelligence médiocre. S'il n'eût payé autant de ses ressources privées que de sa personne, il n'eût certainement pas pu mener à bout certaines de ses missions lointaines, au milieu d'embûches de toutes sortes et avec l'obligation d'énormes dépenses. Le dépit des ambassadeurs sur les difficultés sans nombre que Claude leur créait, et l'incontestable influence qu'il savait prendre contre la leur dans les Cours auprès desquelles ils étaient accrédités, donneraient une bien médiocre mesure de leur savoir-faire, si l'ineptie que tous prêtent à Claude avait été justifiée. Les nombreuses lettres enfin que le roi écrivit à ses agents à l'étranger, pour qu'ils expliquassent son arrestation, indiquent bien sa valeur.

En résumé, après avoir constaté que Claude du Bourg n'était digne que de bien peu d'estime, nous croyons qu'un homme ordinaire n'eut certainement pu faire autant que lui, n'eût point excité autant de haines violentes, et n'eût point mérité que son emprisonnement final valût la peine d'être aussi amplement justifié à l'étranger !

H. DU BOURG.

Laval. — Imprimerie et stéréotypie E. Jamin, 8, rue Ricordaine.

132